混声合唱・ヴァイオリン・ピアノのための

ヴィヴァルディが見た日本の四季

信長貴富　編曲

カワイ出版

混声合唱・ヴァイオリン・ピアノのための

ヴィヴァルディが見た日本の四季

こーる・あづまばし（指揮＝清水昭）が2001年の春に演奏会を催すにあたり、演目の中にヴィヴァルディ作品が含まれていたことから、瀧廉太郎の「花」とヴィヴァルディの「春」を組み合わせた編曲で演奏会のオープニングにしたいというご依頼をいただいたのが最初でした。せっかくなので夏・秋・冬も……ということで全4曲が同合唱団によって初演されたのが2006年で、同年にコール・セレネ（指揮＝清水昭）の委嘱で女声版も初演されました。混声版は弦楽オーケストラ伴奏、女声版は弦楽四重奏の伴奏による初演でした。

その後、伊豆新世紀創造祭記念合唱団（指揮＝早川由章）のご厚意で、ヴァイオリン＋ピアノという再演しやすい編成のヴァージョンが作られました。それが今回出版されたこの楽譜です。

ヴィヴァルディの協奏曲《四季》と日本の叙情歌を組み合わせて編曲集を作るというアイディアは、初演指揮者の清水昭先生からいただいたものです。お話を伺ったときは「おもしろそう！」と直感しましたが、実際に編曲していく作業は当初の想像よりもずっと難しいものでした。ヨーロッパの季節と日本のそれとでは色合いが違うからです。ヴィヴァルディの《四季》には春夏秋冬それぞれに標題ソネット（十四行詩）が付されていて、曲はソネットを忠実に音楽化するという考え方で作曲されています。例えば「夏」のソネットには「北からの冷たい風がおそいかかり、にわか雨を降らせて…」という描写が出てくるのですが、これは日本の季節感とはだいぶ異なっています。編曲に際してもソネットの内容に近い抒情歌を選ぼうと考えていましたから、曲探しには頭を痛めました。また、バロック音楽のスタイルと近代歌曲をできるだけ違和感なく併存させることにも工夫が必要でした。しかし苦労の甲斐あって、意外性のある楽しい編曲集になったのではないかと思います。

このヴァイオリン＋ピアノのヴァージョンでは、ヴァイオリンを省いて演奏することもできるように工夫されています。しかしながらヴァイオリンを加えた方が演奏効果が倍増しますので、条件が許すようでしたらぜひヴァイオリンと共演なさってみてください。

弦楽オーケストラ版では、通常の弦楽編成（1st ヴァイオリン＋ 2nd ヴァイオリン＋ヴィオラ＋チェロ＋コントラバス）にハープシコードが付いています。弦楽四重奏版は弦楽オーケストラ版のスコアと共通です。いずれの場合でもハープシコードは省くこともできます。スコアとパート譜はレンタル譜でのご提供になりますので、全音楽譜出版社までお問い合わせください。なお、合唱パートは楽器編成にかかわらず共通していますので、この出版譜をお使いください。

編曲のアイディアをお授けくださり、初演の労を執ってくださいました清水昭先生と、初演・再演でお世話になった合唱団の皆様に心から感謝申し上げます。

2008年1月

信長貴富

弦楽オーケストラ版のスコアとパート譜はレンタル扱いです。
詳細は全音楽譜出版社 出版部 レンタル楽譜担当
（03-3227-6283/hirelibrary@zen-on.co.jp）へお問い合わせ下さい。

混声合唱・ヴァイオリン・ピアノのための

ヴィヴァルディが見た日本の四季

●全曲の演奏時間＝約 16 分

●混声版（全曲）

委嘱　こーる・あづまばし

初演　2006 年 7 月 15 日　上野学園石橋メモリアルホール

「こーる・あづまばし 第 10 回演奏会」

指揮　清水 昭

弦楽オーケストラ　上野浅草室内管弦楽団

ハープシコード　奥田 和

●女声版

委嘱　コール・セレネ

初演　2006 年 6 月 24 日　武蔵野市民文化会館 小ホール

「コール・セレネ 第 12 回演奏会」

指揮　清水 昭

弦楽四重奏　アンサンブル・セレネ

第 1 ヴァイオリン：円田朋子・第 2 ヴァイオリン：齋藤友美賀

ヴィオラ：上田美佐子・チェロ：小野寺まさよ

ハープシコード：郡司和也

●混声合唱・ヴァイオリン・ピアノ版

委嘱　伊豆新世紀創造祭記念合唱団

初演　2007 年 6 月 10 日　アクシスかつらぎ（《春》《夏》）

「第 52 回静岡県民合唱祭」

2007 年 9 月 9 日　三島市民文化会館（《秋》《冬》）

「第 38 回三島市民合唱祭」

指揮　早川由章

ヴァイオリン　沼野朱音

ピアノ　伴 久美子（《春》《夏》）・椎野佳奈子（《秋》《冬》）

《春》花

武島羽衣 作詩／瀧 廉太郎 作曲／信長貴富 編曲

Giunt e' la Primavera
春が来た。

※ヴァイオリンを省く場合は小音符を加える。(以下同)

C Allegro moderato ♩≒54
Sop.
Alt.
はるの　うらーらーの　すーみーだ　が　わ
Ten.
Bas.
のぼり　くだーりーの　ふ　なびーとーが
D
かいの　しずくも　はなとちる
かいの　しずーーくも　はなーーーとちる

35
mf
なＸ

47
ル
ル ル ル ル ル ル ル　ル
ル　ル　ル　ル ル　ル　ル　ル　ル
われにものーいうーー　さくらぎを
51
G
みずやゆうぐれてをのべて
div.
みずやゆうーーぐれてをーーーのべて
G
G
55
われさしまーねーく　あおーやぎを
われさしまーねーく　あおーやぎを

59
H
f
tr
63
I
mf
に しき お りーなーす ちょーうーて い に
67
mf
く るれ ば のーぼーる お ぼろーづーき

71
J
f
げ に い ーっ こ く ー も せ ん き ん の
げ に ー い ーっ こ ー く ー も せ ん ー ー ー き ん の
75
mf cresc.
riten.
molto ff
な が め を な ー に ー に ー た ー ー こ う ー べ ー き
た ー こ う ー べ き
な が め を な ー に ー に べ き
Tempo II ♩≒54
p
79
riten.

《夏》城ヶ島の雨

北原白秋 作詩／梁田　貞 作曲／信長貴富 編曲

Sotto dura Staggion dal Sole accesa Langue l'Uomo Langue 'l gregge, ed arde il Pino.
やけつく太陽の季節には、人は疲れ、家畜は疲れ、松も枯れる。

E piange il pastorel, perche Sospesa Teme fiera borasca e'l Suo destino;
にわかに雨を降らせ牧童を困らせる。

48
poco accel.
poco accel.
※ヴァイオリンを省く場合は小音符を加える。(以下同)
D ♪=♪ (Moderato ♩≒60)
Sop. & Alt.
unis. mf
54
あ めは ー しんじゅー か
cresc.
div.
よ あけーの
58
f
dim.
きりか ー ー ー それ ーともわたしの し
f dim.
62
unis.
の ーびなき
Zetiretti dorci spira
涼風はさわやかに吹くが
E ♪=♪ (♪≒120)
fp
mf

66
71
mà contesa Muove Borea improviso al Suo vicino
北からの冷たい風がおそいかかる
76
Vento Borea（北風）
※ヴァイオリンを省く場合、右手は小音符（上段）を弾く。
Vento Borea（北風）
Venti diversi（さまざまな風）
80
84
拍点からのアルペジオ

F Moderato ♩≒60
Sop. & Alt.
88
mf
ふ ね は ゆ く ゆ く と お り や ー の は ー な を
Ten. & Bas.
mf
ふ ね は ゆ く ゆ く と お り や ー の は ー な を
F Moderato ♩≒60
mf
F Moderato ♩≒60
mf
92
poco riten.
a tempo
ぬ れ て ほ あ げ た ぬ ー し の ふ ね
ぬ れ て ほ あ げ た ぬ ー し の ふ ね
poco riten.
a tempo
poco riten.
a tempo
riten.
a tempo
ええ ーーー ー ふ ね は ー ーーろ で や る
96
f
ええ ーーー ー ふ ね は ー ーーろ で や る
mf
ろ は う ー た で ー や る
f
mf
ろ は う ー た で ー や る
riten.
f
a tempo
mf
riten.
a tempo
f
mf

riten.
a tempo
rit.
100
うたは船頭さんのこーころーいき
うたは船頭さんのこーころーいき
G Andante ♩≒52
Ten. & Bas. unis.
105
cresc.
div.
あめはーふるふーるひはうーすぐもる
G Andante ♩≒52
G Andante ♩≒52
110
unis.
ーーふねはーゆくゆくほがーかすー
mf dim.
mf dim.

H Allegro
114
む
ー
H Allegro
H Allegro
※ヴァイオリンを省く場合、右手は小音符(上段)を弾く。
118
122
126
拍点からのアルペジオ

《秋》村祭り

文部省唱歌／信長貴富 編曲

Celebra il vilanel con Balli e canti del felice raccolto il bel piacere
村人は踊りと歌で豊作を祝う。

12
B
f
む ら の ち ん じゅ の か み さ ま の
f
む ら の ち ん じゅ の か み さ ま の
B
B
16
unis.
div.
C
unis.
きょ う は め で た い お ま つ り び
きょ う は め で た い お ま つ り び
C
f
C
f
20
f
unis.
D
あ さ か ら き こ え る ふ え た い こ
f
あ さ か ら き こ え る ふ え た い こ
D
p
D
p

24
28
E
f
と し も ほ う ね ん
f
と し も ほ う ね ん
E
f
E
f
32
unis.
div.
F
unis.
ま ん さ く で
む ら は そ う で の
お おま つ
り
ま ん さ く で
む ら は そ う で の
お おま つ
り
F
f
F
f

36
unis.
G
よ るまでにぎわう　みやのも　り
よ るまでにぎわう　みやのも　り
40
H
44
おさまるみーよに　かみさまの　めぐみあおぐや　むらまつり
Hum.　Hum.　Hum.　Hum.　めぐみあおぐや　むらまつり
Hum.　かみさまの　ーまつり

I
48
ドン ドン ヒャララ ラ ドン ヒャララ ラ
f
ドンドン ヒャララ ラ ドン ヒャララ ラ
き いて も こ こ ろ が
ドン ドン ヒャララ ラ ドン ヒャララ ラ
f
ドンドン ヒャララ ラ ドン ヒャララ ラ
き いて も こ こ ろ が
I
I
51
ff
ドンヒャラ ラ ドンヒャラドンヒャラ ラ ドンヒャラ
い さみ た つ
ドンドン ヒャララ ー ドンドン ヒャララ ドン ヒャララ
ドンヒャラ ラ ドンヒャラドンヒャラ ラ ドンヒャラ
い さ み た つ
ドンドン ヒャララ ー ドンドン ヒャララ ドン ヒャララ
ff
54
rit.
き いてもこころが い さみたつ
き いてもこころが い さみたつ
rit.
f
rit.
f

《冬》ペチカ

北原白秋 作詩／山田耕筰 作曲／信長貴富 編曲

Aggiacciato tremar trà neri algento
冷たい雪にガタガタふるえる。

12
B Adagio ♩≒54
rit.
mp cresc.
(vocalise "O")
mp cresc.
p cresc.
(vocalise "O")
B Adagio ♩≒54
mf
rit.
p
B Adagio ♩≒54 ※［ ］内は、省いて演奏される方が望ましい。
rit.
mf
p
cresc.
C Largo ♪≒60
17
mf
A
mf
A
mp
ゆ き の ふ る よ ー は
C Largo ♪≒60
mf
mf
p
C Largo ♪≒60
mf
mf
mp
20
ペ ー チカ も え ろ よ　お は な し し ま しょ
たの し い ペ ーー チカ　ペ ー チカ も え ろ よ　お は な し し ま しょ O

23
rit.
a tempo
むかしむかしーよー
mf
mp
むかしむかーしーよーー
もえろよペーチカ
26
D
ゆきのふるよは たのしいペーチカ ペーチカもえろよ
ゆきのふるよはたのしいペーーチカ たのしいペーチカ もえろよもえろ ペーチカ ペーチカ
B.F.
B.F.
B.F.
29
おもてはさむい
おもてはさむい ペーチカ くりやーくりーやーとーー
B.F.
B.O.
B.O. くりやくりーやーとーー
cresc.
rit.
mf

Passar al fuoco i di quieti e contenti
暖かい暖炉で人々が安らかに過ごす。
a tempo
32
mp
E
よ び ま す ペ ーチ カ ー
よ び ま す ペ ーチ カ ー
mf
※ヴァイオリンを省く場合は小音符（下段）を演奏する。
35
38
rit.

F Più lento
p
たの し い
poco a poco cresc.
ゆ き の ふ る よ は た の ー し い ペ ー チカ
ペ ー チカ も え ろ よ じ き は る き ま す
※ヴァイオリンを省く場合は小音符を加える。(以下同)
rit.
mf
a tempo
mp
riten.
い ま に ー や な ー ぎ ー も ー ー
も え ま しょ ペ ー チ
B.O. い ま に や な ー ぎ ー も ー ー
G a tempo
カ
rit.

《秋》 村祭り

文部省唱歌

村の鎮守の　神様の
今日はめでたい　御祭日
ドンドンヒャララ　ドンヒャララ
ドンドンヒャララ　ドンヒャララ
朝から聞こえる　笛太鼓

年も豊年　満作で
村は総出の　大祭
ドンドンヒャララ　ドンヒャララ
ドンドンヒャララ　ドンヒャララ
夜まで賑う　宮の森

治まる御代に　神様の
めぐみ仰ぐや　村祭
ドンドンヒャララ　ドンヒャララ
ドンドンヒャララ　ドンヒャララ
聞いても心が　勇み立つ

《冬》 ペチカ

北原白秋

雪の降る夜は　たのしいペチカ
ペチカ燃えろよ　お話しましょ
むかしむかしよ　燃えろよペチカ

雪の降る夜は　たのしいペチカ
ペチカ燃えろよ　おもては寒い
栗や栗やと　呼びますペチカ

雪の降る夜は　たのしいペチカ
ペチカ燃えろよ　じき春来ます
いまに楊も　萌えましょペチカ

ヴィヴァルディが見た日本の四季

《春》花

武島羽衣

春のうららの　隅田川
上り下りの　船人が
かいのしずくも　花と散る
ながめを何に　たとふべき

見ずやあけぼの　露あびて
われにもの言う　桜木を
見ずや夕暮れ　手をのべて
われさし招く　青柳を

錦織りなす　長堤に
暮るればのぼる　おぼろ月
げに一刻も　千金の
ながめを何に　たとふべき

《夏》城ヶ島の雨

北原白秋

雨はふるふる　城ヶ島の磯に
利休鼠の　雨がふる

雨は真珠か　夜明けの霧か
それともわたしの　忍び泣き

舟はゆくゆく　通り矢のはなを
濡れて帆上げた　ぬしの舟

ええ　舟は櫓でやる
櫓は唄でやる
唄は船頭さんの　心意気

雨はふるふる　日はうす曇る
舟はゆくゆく　帆がかすむ

Violin

《春》花

武島羽衣 作詩／瀧 廉太郎 作曲／信長貴富 編曲

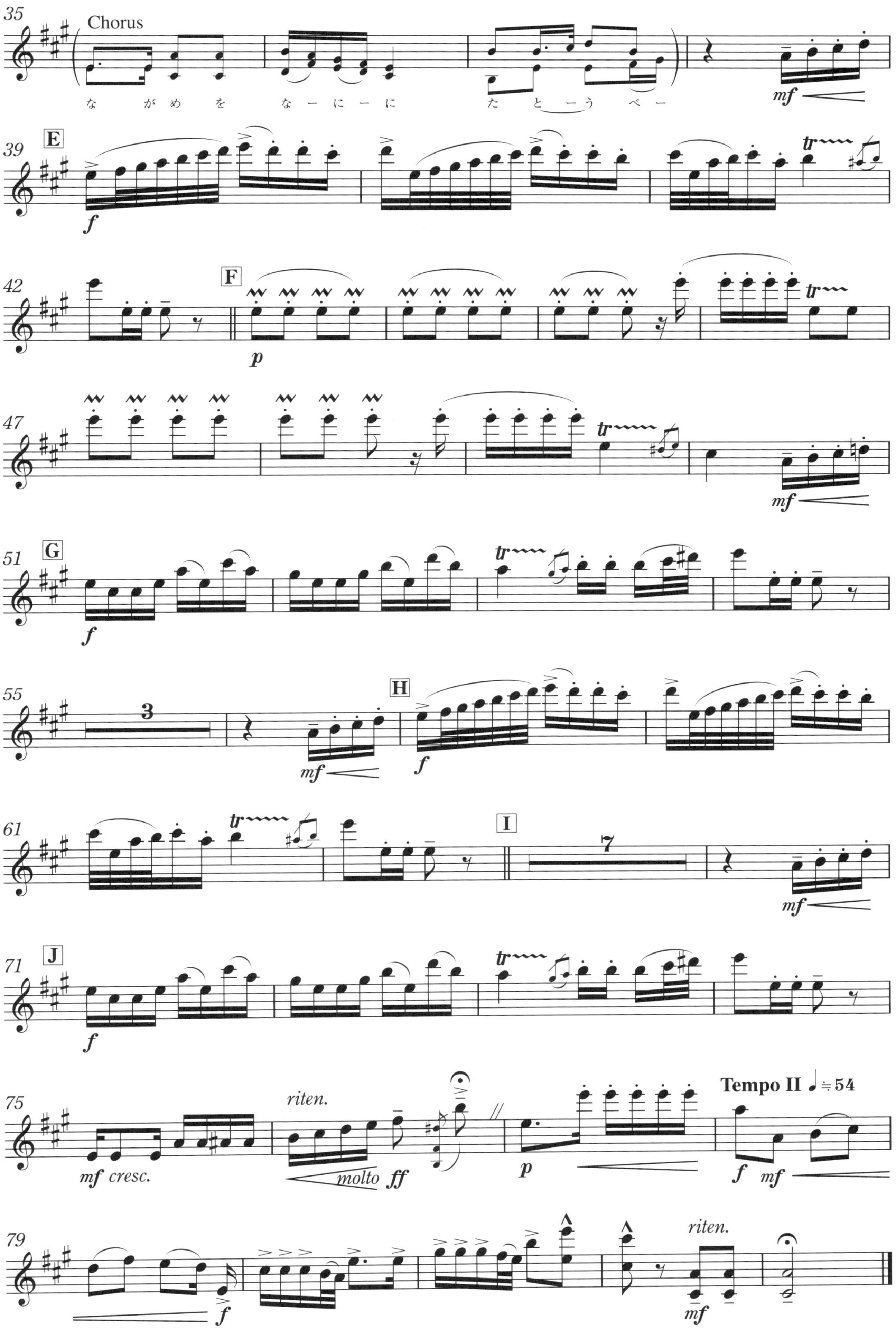
Chorus
な　がめ　を　なーにーに　たとーうべー
E
F
G
H
I
J
mf cresc.
riten.
molto
Tempo II ♩≒54
riten.

Violin

《夏》城ヶ島の雨

北原白秋 作詩／梁田　貞 作曲／信長貴富 編曲

Sotto dura Staggion dal Sole accesa Langue l'Uomo Langue 'l gregge, ed arde il Pino.
やけつく太陽の季節には、人は疲れ、家畜は疲れ、松も枯れる。

E piange il pastorel, perche Sospesa Teme fiera borasca e'l Suo destino;
にわかに雨を降らせ牧童を困らせる。

Zetiretti dorci spira
涼風はさわやかに吹くが
E ♪=♪(♪≒120)
mà contesa Muove Borea improviso al Suo vicino
北からの冷たい風がおそいかかる
Vento Borea（北風）
F Moderato ♩≒60
poco riten.

a tempo
riten.
a tempo
riten.
a tempo
rit.
G Andante ♩≒52
mf dim.
rit.
H Allegro

Violin

《秋》村祭り

文部省唱歌／信長貴富 編曲

Celebra il vilanel con Balli e canti del felice raccolto il bel piacere
村人は踊りと歌で豊作を祝う。

28
f
31
E
2
35
F
f
39
G
f
p
42
H
mp
46
I
f
50
ff
53
56
f
rit.

Violin

《冬》ペチカ

北原白秋 作詩／山田耕筰 作曲／信長貴富 編曲

Aggiacciato tremar trà neri algento
冷たい雪にガタガタふるえる。

28
cresc.
30
rit.
a tempo
mf
mp
E
Passar al fuoco i di quieti e contenti
暖かい暖炉で人々が安らかに過ごす。
33
35
37
39
rit.
F Più lento
42
p
poco a poco cresc.
45
rit.
a tempo
riten.
G a tempo
48
50
rit.

信長貴富　混声合唱作品

せんねんまんねん ★
まど・みちお 詩　（中級）

新しい歌〔改訂版〕
谷川俊太郎 他 詩　（中級）

こいうた
日原正彦 他 詩　（中級）

もし鳥だったなら
立原道造 詩　（中級）

春のために
大岡 信 詩　（中級）

思い出すために
寺山修司 詩　（中級）

いまぼくに
谷川俊太郎 詩　（中級）

旅のかなたに
谷川俊太郎 他 詩　（中級）

世界は一冊の本
長田 弘 詩　（中級）

食卓一期一会
長田 弘 詩　（中〜上級）

ゴールドベルク讃歌
谷川俊太郎 詩　（中級）

いろとりどりのうた
川崎 洋 詩　（中級）

夕焼け
高田敏子 詩　（中級）

コルシカ島の２つの歌 ★
（中〜上級）

トンボとそら
まど・みちお 詩　（初〜中級）

組曲 スピリチュアルズ
木島 始 訳詩　（中〜上級）

青いフォークロア
金子みすゞ 詩　（中級）

近代日本名歌抄
「あの町この町」他　（初級）

赤い鳥小鳥
北原白秋童謡詩集　（中級）

どんたく
竹久夢二 詩　（初〜中級）

風と笛と太陽
竹中 郁 詩　（中級）

こころよ うたえ ★
一倉 宏 詩　（中級）

季節が僕を連れ去ったあとに ★
寺山修司 詩　（中級）

捧げる言葉
谷川俊太郎 詩　（中級）

イーハトーボ農学校の春
宮沢賢治 詩　（中級）

不完全な死体
寺山修司 詩　（中〜上級）

東北地方の三つの盆唄
「相馬盆唄」他　（中級）

ワクワク
谷川俊太郎 詩　（中級）

うたの街のうた
（中級）

加速し続けるエレジー
和合亮一 詩　（上級）

三つの南九州民謡 ★
「鹿児島おはら節」他　（中〜上級）

ポール・エリュアールの三つの詩 ★
安東次男・木島 始 訳詩　（中〜上級）

言葉は ♡
谷川俊太郎 詩　（中級）

ことばは魔法 ★♡
三好清子 詩　（中級）

愛する人へ ♡
門倉 詇 詩　（中級）

先駆者の詩《うた》 ♡
山村暮鳥 詩　（中級）

あの日の空の詩《うた》
しままなぶ 詞・台本　（中〜上級）

思い出リミックス
谷川俊太郎 詩　（中級）

歩こう ♡
ごとうやすゆき 詩　（中級）

生きる理由 ♡
新川和江 詩　（中級）

出来そこないの天使たち
谷 郁雄 詩　（中級）

年頭の誓い ♡
谷川俊太郎 詩　（初〜中級）

あれは風だったのですか
門倉 詇 詩　（中級）

春　に ♡
和合亮一 詩　（中級）

ぼくの村は戦場だった
（中級）

女性詩人による三つの譚歌《バラード》
新川和江 他 詩　（中級）

静寂のスペクトラム
岡本 啓 他 詩　（上級）

ジグザグな屋根の下で ♡
やなせたかし 曲　（初級）

は る ♡
谷川俊太郎 詩　（初級）

墓碑銘
新美南吉 詩　（中級）

交響する二つのグロリア
典礼文　（中〜上級）

超訳恋愛詩集 I
菅原 敏 詩　（中級）

帆を上げよ、高く
みなづきみのり 詩　（中級）

放課後 ★♡
加藤千恵 短歌　（初〜中級）

進め、進め ♡
武者小路実篤 詩　（初〜中級）

ことばの日々
安水稔和 詩　（中〜上級）

沖縄哀歌 ♡
成沢未来 短歌　（中級）

ピアノをひくひと ♡
谷川俊太郎 詩　（中級）

君の川柳 ♡
詠み人シラーズ 詞　（中級）

肩 ♡
谷川俊太郎 詩　（中級）

祈ってもいいだろうか ♡
谷川俊太郎 詩　（初級）

合 唱 ♡
谷川俊太郎 詩　（初〜中級）

合 唱ーもうひとつのー ♡
谷川俊太郎 詩　（初〜中級）

今日からはじまる ♡
高丸もと子 詩　（初〜中級）

異界の門
宮沢賢治 詩　（上級）

若い合唱 ♡
村上昭夫 詩　（初〜中級）

う た ♡
村上昭夫 詩　（初級）

新しい明日へ
谷 郁雄 詩　（初〜中級）

風のうた ♡
安水稔和 詩　（初〜中級）

ヒロシマの鳩 ♡
有馬　敲 詩　（中級）

Sämann
詩篇126 より　（上級）

Fire ♡
和合亮一 詩　（初〜中級）

虹の木
長田 弘 詩　（中級）

ねむりそびれたよる
石津ちひろ 他詩　（初級）

★…無伴奏作品
♡…合唱ピース

混声合唱・ヴァイオリン・ピアノのための　**ヴィヴァルディが見た日本の四季**　信長貴富《のぶながたかとみ》 編曲

●発行所＝カワイ出版（株式会社 全音楽譜出版社 カワイ出版部）
〒161-0034 東京都新宿区上落合 2-13-3　TEL. 03-3227-6286 ／ FAX. 03-3227-6296
出版情報 https://editionkawai.jp

●楽譜浄書＝神田屋　●印刷＝平河工業社・伸和総業株式会社　●製本＝三修紙工株式会社

●この編曲はカワイ出版の独占です。

ISBN978-4-7609-1247-6

2008 年 3 月 1 日 第 1 刷発行
2025 年 4 月 1 日 第 38 刷発行